目　　次

前　言

本标准按照 GB/T 1.1—2009 给出的规则起草。

本标准由中国汽车维修行业协会连锁经营工作委员会提出。

本标准由中国汽车维修行业协会归口并组织实施。

本标准起草单位：中国汽车维修行业协会连锁经营工作委员会、吉林省汽车维修行业协会、广西三原高新科技有限公司、北京九五智驾信息技术股份有限公司、杭州小拇指汽车维修科技有限公司。

本标准主要起草人：严波、吴东风、陈英、陶巍、底彦彬、张早根、李佳、张险峰。

引　言

本标准旨在贯彻落实交通运输部等十部委《关于促进汽车维修业转型升级提升服务质量的指导意见》和《交通运输部关于加强交通运输行业信用体系建设的若干意见》的政策精神，以行业自律为出发点，从市场诚信体系建设入手，结合互联网＋汽修的创新发展趋势，依托汽车电子健康档案信息系统，对机动车维修服务规范（JT/T 816）进行具体细化，并根据交通运输部关于《机动车维修管理规定》和《道路运输车辆技术管理规定》的最新要求，引导汽车维修企业依法经营、诚实守信、公平竞争、优质服务，促进行业健康可持续发展，推动汽车维修行业成为政府放心、人民满意的民生服务业。

本标准是中国汽车维修行业协会授权汽车维修企业特许使用放心汽修品牌的配套认证评价标准，它既可以对企业的经营行为进行客观公正的评价，又可以指导汽车维修企业提升经营管理水平。

本标准的认证评价工作由第三方认证机构依据本标准要求制订认证规则并组织实施。

放心汽修认证评价规范

1 范围

本标准规定了针对汽车维修经营业务进行放心汽修认证评价的基本要求、评价内容、评价准则、评价工作规程。

本标准适用于汽车维修经营业务(含一类、二类和三类),不适用于危险货物运输车辆维修经营业务和摩托车维修经营业务,其他机动车维修经营业务可参照执行。

2 规范性引用文件

下列文件对于本文件的应用是必不可少的。凡是注日期的引用文件,仅所注日期的版本适用于本文件。凡是不注日期的引用文件,其最新版本(包括所有的修改单)适用于本文件。

GB/T 5624 汽车维修术语
GB 7258 机动车运行安全技术条件
GB/T 15746 汽车修理质量检查评定方法
GB/T 16739.1 汽车维修业开业条件 第1部分 汽车整车维修企业
GB/T 16739.2 汽车维修业开业条件 第2部分 汽车综合小修及专项维修业户
GB/T 18344 汽车维护、检测、诊断技术规范
GB/T 19001 质量管理体系要求
GB/T 21338 机动车维修从业人员从业资格条件
GB/T 23794 企业信用评价指标
GB/T 24001 环境管理体系要求及使用指南
JT/T 640 汽车维修行业计算机管理信息系统技术规范
JT/T 698 机动车维修技术人员从业资格培训技术要求
JT/T 795 事故汽车修复技术规范
JT/T 816 机动车维修服务规范
JT/T 900 汽车售后服务客户满意度评价方法

3 术语和定义

GB/T 5624 所界定的以及下列术语和定义适用于本文件。

3.1

放心汽修 reassurance service of automobile maintenance and repair

满足本标准要求并通过认证的汽车维修经营业务。

3.2

同质配件 equal quality spare parts

指产品质量等同或高于装车零部件,且具有良好装车性能,能持续保持整车良好技术状况的零部件。

3.3

汽车电子健康档案 automobile electronic maintenance record

汽车全生命周期的电子维修记录。

3.4

互联网＋汽修　internet＋automobile maintenance and repair

利用信息通信技术和互联网平台，升级改造汽车维修经营业务的服务形态与商业模式。

4　基本要求

4.1　企业参评资格

4.1.1　参评的汽修企业出现下列情况之一的，不予评价：

——企业不具有合法的经营资质；

——申请评价之日起前一年内出现重大安全生产责任事故、环保指标严重超标、重大交通责任事故、重大治安事件、重大消防事故、严重违法用工等事件。

4.1.2　具有一个以上经营场所的企业可集中参评，共享经营资质的门店可以统一评价，但非共享经营资质的门店需独立评价。

4.2　评价原则

依法经营、诚信服务、履行承诺、承担社会责任是对汽修企业进行评价的基本出发点，目的是促使其从服务粗放型向服务品质型转变，为客户提供更加诚信透明、经济优质、便捷周到、满意度高的汽车维修服务。

5　评价内容

5.1　评价指标

设立诚信经营要求、规范管理要求、运营能力要求、维修质量要求、服务水平要求、社会责任要求六个评价指标。

5.2　诚信经营要求

5.2.1　一般要求

企业应建立诚信管理体制，大力加强诚信文化建设，加强对从业人员诚信教育培训，全面提高诚信经营水平。

5.2.2　评价内容

5.2.2.1　遵章守规

遵守汽车维修行业相关法律、法规和规章，认真执行汽车维修行业相关标准。

5.2.2.2　信息公开

企业主动向消费者公开经营资质、服务规范、收费标准和其他经营信息。

5.2.2.3　诚信档案

配合监管部门建立企业诚信档案，质量信誉考核结果在AA级以上。

5.2.2.4　商业信用

实行公平交易、透明消费，并具有良好的社会资信和品牌声誉。

5.3　规范管理要求

5.3.1　一般要求

企业应建立科学规范的管理体系，不断提升管理能力，促进健康可持续发展。

5.3.2 评价内容

5.3.2.1 文化建设

重视企业文化建设,并体现在企业家和员工的行为规范中。

5.3.2.2 经营规划

企业有明确的发展目标,制订适合自身特点的经营计划。

5.3.2.3 组织管理

具备合理的组织机构,人力资源管理规范,规章制度完善。

5.3.2.4 流程管理

参照 GB/T 19001(ISO 9001)标准要求,建立适用的流程管理机制。

5.3.2.5 信息化管理

实行办公信息化,配备维修管理软件系统,并保护客户信息安全。

5.4 运营能力要求

5.4.1 一般要求

企业应按照 GB/T 16739 要求,根据维修车型种类和经营项目,保证基础运营能力,并积极投入新材料、新设备和新工艺,持续提升运营能力。

5.4.2 评价内容

5.4.2.1 设施能力

汽车整车维修企业(一类、二类)应符合 GB/T 16739.1 中第 8 章的要求;汽车综合小修与专项维修业户(三类)应符合 GB/T 16739.2 中对应章节的要求。

5.4.2.2 设备能力

汽车整车维修企业(一类、二类)应符合 GB/T 16739.1 中第 9 章的要求;汽车综合小修与专项维修业户(三类)应符合 GB/T 16739.2 中对应章节的要求。

5.4.2.3 技术人员能力

根据《机动车维修管理规定》,并参照 GB/T 16739、GB/T 21338 的要求,配备相应的技术人员;技术人员根据岗位要求要具备相应的专业技术资格证书、职业资格证书或汽车维修专项职业能力测评认证;加强技术人员的在职培训,以适应相关政策法规和标准的新规定、新要求。

5.4.2.4 财务能力

企业财务状况可保证企业的可持续发展。

5.5 维修质量要求

5.5.1 一般要求

企业应贯彻执行《机动车维修管理规定》和《道路运输车辆技术管理规定》的要求,建立健全汽车维修质量保证体系。

5.5.2 评价内容

5.5.2.1 维修技术

通过正规途径获取主修车型或经营项目的技术资料。

5.5.2.2 配件保障

使用可追溯的正规配件,推广同质配件,抵制假冒伪劣配件。

5.5.2.3 维修管理

遵照 GB/T 18344 要求从事汽车维修作业，做好汽车维修检验记录，签发汽车维修竣工出厂合格证，建立汽车电子健康档案。

5.5.2.4 质量保证期

根据监管部门要求建立并落实质量保证期制度。

5.6 服务水平要求

5.6.1 一般要求

企业应向客户提供优质的维修服务，关注客户体验，重视服务规范，不断提升服务能力，实现客户的高满意度。

5.6.2 评价内容

5.6.2.1 客户服务体验

热情接待，优质服务。不断提升服务形象，创新服务形式，加强人性化关怀，努力满足用户需求。

5.6.2.2 维修服务规范

依据 JT/T 816 的要求，保证维修服务的规范性。

5.6.2.3 救援服务能力

具备维修救援服务能力。

5.6.2.4 互联网服务能力

响应国务院关于积极推进“互联网＋”行动的指导意见，推进互联网＋汽修的实践和发展，开展自媒体运营、O2O 业务和大数据应用。

5.6.2.5 客户满意度

依据 JT/T 900 的评价办法对企业的客户满意度情况进行调查。

5.7 社会责任要求

5.7.1 一般要求

企业在创造经济效益的同时，还应承担安全、节能、环保的社会责任。

5.7.2 评价内容

5.7.2.1 安全生产

生产经营过程中识别安全隐患，采取必要的事故预防和控制措施，避免人员伤害和财产损失，保证生产经营活动顺利进行。

5.7.2.2 环境保护

根据 GB/T 16739.1 第 7 章、GB/T 16739.2 第 4.9 节要求配备环保设备设施，建立健全绿色汽修技术和管理体系。

5.7.2.3 节能减排

响应国家大气污染防治行动计划，降低企业自身的能源消耗，保证维修车辆的尾气达标。

5.7.2.4 热心公益

积极开展公益活动，树立良好的企业形象，促进行业良性发展。

6 认证评价准则

6.1 按照评价内容的要求，制订认证评价准则，见附录 A。

6.2 认证评价准则要求的单项评价结果分为符合、不符合和不适用。

7 认证工作规程

7.1 认证评价工作

依据本标准的认证评价工作由第三方认证机构实施。

7.2 认证机构

第三方认证机构应由中国国家认证认可监督管理委员会批准设立,对应的服务认证领域应以本标准为认证依据。

7.3 认证评价程序

7.3.1 申请

——申请服务认证的组织(以下简称“申请人”)。

——申请人应提交认证申请书、法律地位文件、行政许可证明及拟认证服务范围的相关信息。

7.3.2 受理

——认证机构应对所获得的申请人信息进行评审。

——认证机构对符合要求的申请人予以受理。

——认证机构对不符合要求的申请人不予受理,并以书面形式通知申请人。

7.3.3 签属认证合同

认证机构应为予以受理的申请人提供规定认证活动的具有法律约束力的合同。

7.3.4 评价

7.3.4.1 评价方案

认证机构制订评价方案,有关各方就评价活动的安排和实施达成一致。

7.3.4.2 评价组

认证机构应选派具备认证审查员资格并具有专业能力的人员组成评价组,以执行各项评价任务。

7.3.4.3 文件审查

——申请人应提交管理手册、服务流程文件和必要的说明文件。

——评价组应对申请人提交的各类文件进行审查。

——评价组应确保申请人提交的文件满足附录 A 要求,具备现场审查条件。

7.3.4.4 现场审查

——认证机构按照本标准附录 A 和评价方案的要求,对申请人进行现场审查。

——现场审查可采用由服务特性测评和服务管理审核相结合的评价方式。

7.3.4.5 评价报告

——认证机构应为每次评价活动提供书面报告。

——评价报告内容包括但不限于:抽样及样本信息、评价结果及其说明、报告覆盖的时间段和评价结论。

7.4 评价结论

评价结论分为合格、基本合格和不合格。

合格是指在评价过程中未发现不符合项。

基本合格是指在评价过程中发现的不符合项数量低于10%(含),且申请人自审查结束之日起90天内全部整改并验证有效的。

不合格是指在评价过程中发现的不符合项数量高于10%,或不符合项数量虽低于10%(含),但申请人自审查结束之日起90天内未能全部有效整改的。

7.5 认证决定

认证机构应根据对评价过程中收集到的有关信息,包括从评价过程之外获取的任何可作为认证决定依据的信息进行复核。

经复核确认为合格和基本合格的,认证机构应做出批准认证的决定。

经复核确认为不合格的,认证机构应将不批准认证的决定通知申请人,并说明该决定的理由。

7.6 认证证书

认证机构应向已满足认证要求的申请人颁发正式的服务认证证书。

认证证书的有效期自认证机构做出认证决定之日算起,有效期三年。

认证机构应采取适当的方式和频次,对证书持有人实施监督,确认其持续符合本标准要求。

在认证证书有效期满前三个月,证书持有人应以书面的形式向认证机构提出再认证申请,再认证现场评价应至少在认证证书到期一个半月前实施,且与上次监督的间隔不超过12个月。证书期满未完成再认证的,证书失效。

在证书有效期内,认证机构应对证书持有人引发的变更(如迁址经营、法人主体改变等)采取适当的措施并换发证书。

在证书有效期内,经证实证书持有人存在不满足认证要求的不符合项时,认证机构应考虑并确定适当的措施(终止、缩小、暂停或撤销)。

在证书有效期内,有证据可证明证书持有人发生以下情况的,认证机构应撤销其认证资格:

——发生4.1.1所列情况的;

——非法转让、出租机动车维修经营许可证件的;

——未按照有关法律法规的规定办理相关手续而擅自改装汽车(含改变车身颜色,更换发动机、车身和车架)、承修已报废汽车、利用配件拼装汽车的;

——变更名称、法定代表人、地址等事项,未向作出原许可决定的道路运输管理机构备案的;

——伪造、倒卖或转借机动车维修竣工出厂合格证的;

——使用假冒伪劣配件维修机动车的;

——作业项目超出许可范围的;

——企业经营行为不再满足本标准要求或对放心汽修品牌声誉造成恶劣影响的。

认证机构暂停证书持有人资格期间,不得以任何形式使用认证证书;认证机构恢复证书持有人资格后,证书持有人可继续使用认证证书。

认证机构撤销证书持有人认证资格后,该企业不得再以任何形式使用认证证书。

附　录　A
（规范性附录）
认证评价准则

A.1　认证评价准则见表 A.1。

表 A.1　认 证 评 价 准 则

<table>
<tr><th colspan="2" rowspan="2">评价项目</th><th rowspan="2">评价内容</th><th rowspan="2">判定方法</th><th colspan="3">评价结果</th><th rowspan="2">评价意见</th></tr>
<tr><th>符合</th><th>不符合</th><th>不适用</th></tr>
<tr><td colspan="8">5.2　诚信经营要求</td></tr>
<tr><td rowspan="4">5.2.2.1
遵章守规</td><td rowspan="2">政策法规</td><td>应对汽车维修行业的相关政策、法律法规、行业规章等文件进行汇总</td><td rowspan="4">资料审查
培训记录
员工访谈</td><td></td><td></td><td></td><td></td></tr>
<tr><td>具备上述文件的培训机制</td><td></td><td></td><td></td><td></td></tr>
<tr><td rowspan="2">技术标准</td><td>应对汽车维修行业相关各级各类标准文件进行汇总</td><td></td><td></td><td></td><td></td></tr>
<tr><td>具备上述标准文件的培训机制</td><td></td><td></td><td></td><td></td></tr>
<tr><td rowspan="4">5.2.2.2
信息公开</td><td>悬挂证照</td><td>在经营场所醒目位置悬挂有效的机动车维修标志牌、机动车维修经营许可证、工商营业执照等资质证照</td><td rowspan="4">现场检查
人事核实
价格备案记录</td><td></td><td></td><td></td><td></td></tr>
<tr><td>价格公示</td><td>公示报所在地道路运输管理机构备案的主要维修项目价格、维修工时定额、工时单价和常用配件价格</td><td></td><td></td><td></td><td></td></tr>
<tr><td>服务承诺</td><td>公开业务受理程序、服务质量承诺、维修质量保证期、客户抱怨受理程序和受理电话（邮箱）、监管机构电话，公示投诉受理负责人照片、姓名、职务、电话</td><td></td><td></td><td></td><td></td></tr>
<tr><td>人员亮牌</td><td>员工须亮牌服务，关键人员要公示上墙，展示岗位、照片、工号以及专业技术资格、职（执）业资格或从业资格等内容</td><td></td><td></td><td></td><td></td></tr>
<tr><td>5.2.2.3
诚信档案</td><td></td><td>企业应向监管机构报送统计资料，配合监管部门建立企业诚信档案，质量信誉考核结果在 AA 级以上（新开业未满一年的企业不适用，未开展质量信誉考核的地区不适用）</td><td>情况调查</td><td></td><td></td><td></td><td></td></tr>
</table>

续上表

评价项目		评价内容	判定方法	评价结果			评价意见
				符合	不符合	不适用	
5.2.2.4 商业信用	公平交易	不得以恶意手段限制、干预客户自主消费，不得以“三包”和理赔等理由诱导、干预客户自主选择服务	客户访谈 现场观摩				
		不应利用信息不对称的市场弊端牟取暴利，收费标准合理；价格依规备案，发生变动时，应在变动实施前重新报备	查看结算凭证 价格报备记录				
	透明消费	应在维修服务前对客户进行维修项目和费用解释，签订维修合同时确定维修方式、维修费用、维修工期、验收标准和方法并得到客户确认、签字	现场检查 维修档案抽查				
		维修过程应可视或提供客户可随时了解或查看的手段；追加维修项目时应告知客户追加项目工时费和零件费，以及所需维修时间，得到客户的确认并签字					
		使用合规的结算票据，并向托修方交付维修结算清单，工时费与材料费应当分项计算，不得虚列维修作业项目；客户可查阅自己的维修档案；客户对于更换旧件可查看并带走					
	社会资信	企业无负面公共信用记录，包括公安、工商、税务、安监、质检、劳保、环保、银行、保险、消费者投诉、诉讼、虚假广告等	专业机构调查				
	品牌建设	企业应重视品牌建设和传播，拥有品牌标识，有明确品牌理念和核心价值，有打造品牌知名度、美誉度的行动计划	资料审查 客户与员工访谈				
5.3　规范管理要求							
5.3.2.1 文化建设		企业应确立发展使命、经营理念并树立核心价值观，有明确的企业文化建设方案和实施计划，在企业的制度建设、服务流程中得到具体体现	资料审查 现场观察 员工访谈				
5.3.2.2 经营规划		企业要基于自身的资源与能力，紧跟环境变化趋势，制订自己的长期战略目标、中期发展规划和年度经营计划	资料审查 领导访谈				

续上表

评价项目		评价内容	判定方法	评价结果			评价意见
				符合	不符合	不适用	
5.3.2.3 组织管理	组织机构	企业应制定完备的组织机构图，关键职能负责人的分工合理，管理人员工作关系明确，部门设置合理，部门职责描述清晰	资料审查 现场检查				
	人力资源	企业应建立人力资源管理体系，编制岗位说明书，建立员工招聘、培训、考核、激励、晋升、退出的相关制度，并制订员工异常流动的应急预案					
	规章制度	企业应建立完善的规章制度，各类制度文件应集中汇编、专人维护并适时更新，包括但不限于行政管理制度、质量管理制度、安全生产管理制度、车辆维修档案管理制度、人员培训制度、设备管理制度及配件管理制度等	资料审查 现场检查				
5.3.2.4 流程管理		企业应参照 GB/T 19001（ISO 9001）标准要求，制订管理手册和服务流程文件，严格过程记录					
5.3.2.5 信息化管理	办公信息化	企业应利用计算机网络技术，内部管理流程可实现电子化办公	现场检查				
	维修服务 管理系统	企业应建立维修服务信息化管理系统，对客户信息、维修流程、配件采购与使用、费用结算等进行管理					
		维修管理软件的技术构架应具有网络化、开放性的功能属性，与监管系统联网并上传信息（监管系统不支持的地区不适用）					
5.4　运营能力要求							
5.4.2.1 设施能力	设施达标	按照 GB/T 16739 要求，根据企业类别和经营范围，对接待室、停车场、生产厂房与场地是否达标进行评价，场地属于租赁经营的要有合法的书面租赁合同	资料审查 现场检查				
	设施管理	环境清洁，各类指示标志清楚，重要区域和特种设备设立警示标志；维修作业区应合理布局，划分工位，有充足的自然采光或人工照明；各类设施能够正常使用，管理与维护落实到人					

续上表

<table>
<tr><th colspan="2" rowspan="2">评价项目</th><th rowspan="2">评价内容</th><th rowspan="2">判定方法</th><th colspan="3">评价结果</th><th rowspan="2">评价意见</th></tr>
<tr><th>符合</th><th>不符合</th><th>不适用</th></tr>
<tr><td rowspan="3">5.4.2.2
设备能力</td><td>设备配置</td><td>按照 GB/T 16739 要求,根据企业类别和经营范围,对仪表工具、专用设备、检测设备和通用设备是否达标进行评价,租赁设备要有正式合同</td><td>资料审查
现场检查</td><td></td><td></td><td></td><td></td></tr>
<tr><td rowspan="2">设备管理</td><td>企业应制订设备操作工艺规程,制订设备维修保养制度;建立设备档案,做好设备购置、验收、使用、维修、检定和报废处理记录;设备工具使用与保管要责任到人</td><td rowspan="2">资料审查
维护记录
现场检查</td><td></td><td></td><td></td><td></td></tr>
<tr><td>维修、检测设备的规格和数量应与维修车型、维修规模和维修工艺相适应;检测设备、计量器具应依规定期检定、校准并作好记录</td><td></td><td></td><td></td><td></td></tr>
<tr><td rowspan="3">5.4.2.3
技术人员能力</td><td>技术人员配备</td><td>根据企业类别和经营范围,各类维修技术人员配备应同时满足《机动车维修管理规定》和 GB/T 16739 要求</td><td rowspan="2">人事审查</td><td></td><td></td><td></td><td></td></tr>
<tr><td>技术人员素质</td><td>在册技术人员素质条件应同时满足《机动车维修管理规定》和 GB/T 21338 要求,根据岗位要求应具备相应的专业技术资格证书、职业资格证书或汽车维修专项职业能力测评认证</td><td></td><td></td><td></td><td></td></tr>
<tr><td>技术培训</td><td>企业应通过内训、外训、技能比赛、校企合作等形式,按照 JT/T 698 的要求,制订和实施维修技术人员在职培训计划,总结车辆的故障案例,不断提高职业素质和工作能力</td><td>资料审查
培训记录
员工访谈</td><td></td><td></td><td></td><td></td></tr>
<tr><td>5.4.2.4
财务能力</td><td></td><td>企业应具有稳健的财务状况,资产负债率小于 50% ,1 年内现金流为正且处于盈利状态</td><td>资料审查
领导访谈</td><td></td><td></td><td></td><td></td></tr>
<tr><td colspan="8">5.5　维修质量要求</td></tr>
<tr><td>5.5.2.1
维修技术</td><td></td><td>企业应具有获取主修车型或经营项目技术资料的正规途径,了解并收集与维修服务相关的技术文件,具备有效的车辆维修标准和承修车型的技术资料,并结合维修案例实践而逐步积累并丰富维修技术资料的知识库</td><td>资料审查
员工访谈</td><td></td><td></td><td></td><td></td></tr>
</table>

续上表

评价项目		评价内容	判定方法	评价结果			评价意见
				符合	不符合	不适用	
5.5.2.2 配件保障	正规配件	企业应向有合法资质的配件经销商采购使用原厂配件或同质配件，并建立配件质量保证和追溯制度，保证消费者合法权益受到损害时可追偿、可追责；修复配件要分类标识，供客户自愿选择	审查配件合同 调研供应商				
	配件管理	企业应建立配件采购登记制度，并做好各项记录（购买日期、供应商名称、地址、生产厂名和厂址、入库单、配件名称、规格型号、合格证、质量保证期等）	审查配件台账 现场检查库房				
		应制订配件入库检验分类制度，保留配件的更换、使用、报废处理的记录；配件摆放整齐，货架清洁，建立卡片，标识正确，有防锈、防潮、防挤压措施					
5.5.2.3 维修管理	现场管理	应制订现场管理规范，作业场所实行定置管理，工具、物料摆放整齐，标识清楚，做到工作台、配件、工具清洁，工具、配件、废料油污不落地，废油、废液、固体废弃物分类存放	资料审查 现场检查				
	维修作业	企业应按照 GB/T 18344 的要求进行汽车维护作业，执行检测（进厂检验单）、故障诊断、确定基本作业项目与附加作业项目、维护作业、过程检验（过程检验单）、作业完成、竣工检验（竣工检验单）、填写《机动车维修竣工出厂合格证》等核心流程，基本作业项目要完整无漏项	抽查维护档案 现场案例观摩				
	返修管理	企业返修率应低于 2%，对车辆返修有管理制度、有工作程序、有完整记录，对返修原因及时分析并制订具体的改进措施	资料审查 现场检查				
	维修档案	企业应建立汽车维修档案，并妥善保存；维修档案应包括维修合同（托修单）、维修项目、维修人员及维修结算清单等；对机动车进行二级维护、总成修理、整车修理的，维修档案还应当包括质量检验单、质量检验人员、竣工出厂合格证（副本）等；保存期限不应少于两年	现场检查 抽查维修档案				

续上表

评价项目		评价内容	判定方法	评价结果			评价意见
				符合	不符合	不适用	
5.5.2.3 维修管理	维修档案	企业应优化检测、诊断、维修的工艺流程，实现维修过程中数据采集及直接传输，执行统一的维修结算工单内容和格式，一车一档，并按照规定如实填报、及时上传承修机动车的维修电子数据记录至监管部门有关汽车电子健康档案系统，维修服务管理系统应当向系统开放相应数据接口（汽车电子健康档案系统未启用的地区不适用）	现场检查 抽查维修档案				
5.5.2.4 质量保证期		企业应根据《机动车维修管理规定》要求落实质量保证期制度；企业对质量保证期的承诺应公示，告知用户质量保证期的相关内容，并严格执行	现场检查 抽查维修档案 抽查投诉记录				
5.6　服务水平要求							
5.6.2.1 客户服务体验	服务形象	企业员工：统一着装，佩戴工牌，干净整洁；仪容仪表端庄大方，举止得体；对客户礼貌热情，微笑服务，语言规范；尊重客户，耐心服务，业务熟练	现场检查				
		厂容厂貌：厂牌厂标规范醒目，便于寻找；建筑外观干净整洁，宣传展示内容规范不凌乱，对不雅部分要合理遮挡					
		停车场：环境清洁，标识线清楚，停放整齐；指挥停稳，代客开门，引导接待；不占用道路或公共场所停放车辆					
		用户接待区：环境清洁，合理布局，划分工位，光线充足					
		用户休息区：干净整洁，氛围温馨，座位舒适；提供报刊杂志、电视、计算机、Wifi、饮品等备客户享用，各类指示标志清楚					
		维修作业区：工具物料摆放整齐，标识清楚；工作台、配件、工具清洁；工具、配件、废料油污不落地；废水、废油、废液、固体废弃物分类存放；各类指示标志清楚					
		收银区应明示各种结算标示					
	人性化关怀	a）提供电话或网络预约服务； b）尽量缩短客户等待维修服务的时长，提供在店等待时的多样化娱乐休闲服务； c）提供车辆竣工出厂前的洗车服务； d）提供及时贴心的提醒服务	资料审查 现场检查				

续上表

<table>
<tr><th colspan="2" rowspan="2">评价项目</th><th rowspan="2">评价内容</th><th rowspan="2">判定方法</th><th colspan="3">评价结果</th><th rowspan="2">评价意见</th></tr>
<tr><th>符合</th><th>不符合</th><th>不适用</th></tr>
<tr><td>5.6.2.2
维修服务规范</td><td></td><td>依据 JT/T 816 的要求：
a)建立规范的服务流程；
b)客户接待规范；
c)进厂检验规范；
d)签订维修合同规范；
e)维修作业与过程检验规范；
f)竣工检验规范；
g)结算交车规范；
h)返修与抱怨处理规范；
i)跟踪回访服务规范</td><td>资料审查
抽查维修档案
现场观摩</td><td></td><td></td><td></td><td></td></tr>
<tr><td>5.6.2.3
救援服务能力</td><td></td><td>企业应开展紧急维修救援服务，至少可提供方圆 50 公里内的搭电、换胎、送油、加水等简单作业，并公示服务时间、救援热线电话、收费标准</td><td>实际考查</td><td></td><td></td><td></td><td></td></tr>
<tr><td>5.6.2.4
互联网＋服务</td><td></td><td>企业应建立并开展自媒体（微信、微博、论坛、QQ 空间或网站等）运营，构建和客户的沟通交流平台以及企业的营销宣传门户，有条件的开展 O2O 业务和大数据应用</td><td>资料审查
实际体验</td><td></td><td></td><td></td><td></td></tr>
<tr><td>5.6.2.5
客户满意度</td><td></td><td>依据 JT/T 900 的客户满意度调查办法，客户样本量不低于 3 名，客户满意度指数平均大于 85 分，达到满意水平</td><td>客户访谈</td><td></td><td></td><td></td><td></td></tr>
<tr><td colspan="8">5.7　社会责任要求</td></tr>
<tr><td rowspan="3">5.7.2.1
安全生产</td><td rowspan="3">安全生产
管理</td><td>企业应建立安全生产组织机构和安全生产责任制度，明确各岗位人员安全职责，对员工进行安全生产教育和安全操作培训</td><td rowspan="3">资料审查
现场检查
员工访谈
培训记录
会议记录</td><td></td><td></td><td></td><td></td></tr>
<tr><td>企业应制订安全生产应急预案，内容包括应急机构组成、责任人及分工、应急预案启动程序、应急救援工作程序等</td><td></td><td></td><td></td><td></td></tr>
<tr><td>企业应实行安全生产例会制度，定期组织开展安全生产检查和消防演习</td><td></td><td></td><td></td><td></td></tr>
</table>

续上表

评价项目		评价内容	判定方法	评价结果			评价意见
				符合	不符合	不适用	
5.7.2.1 安全生产	安全生产措施	公开悬挂安全生产相关的各项制度与规定	资料审查 现场检查 员工访谈				
		各类安全操作规程应明示在工位或设备处					
		使用与存储有毒、易燃、易爆物品和粉尘、腐蚀剂、污染物、压力容器等，分别有单独存放地点，并具有相应的安全防护措施和设施，并有明显的警示、禁令标识，专人负责					
		企业应为员工提供国家规定的劳动安全卫生条件和必要的劳动防护用品，比如面罩、防毒面具、防护服、安全鞋、耳塞等					
		生产厂房和停车场应符合安全生产、消防的各项要求，按照规定配置消防设施和器材，定点放置，设置消防、安全标志，设置地点应明示管理要求和操作规程					
		各类设施和设备，如需监管机构验收、许可或有资质的第三方专业机构检验、认证的，必须有相关的证明文件					
		应设置应急急救箱，并配备相应的应急药品，定期更新，专人负责					
		对特定岗位(如压力容器、强弱电等)的技术工作人员必须持证上岗					
5.7.2.2 环境保护	环保管理	企业应制订并落实环境保护的规章制度，加强员工环保意识和绿色汽修理念的宣传教育，开展环境保护制度的培训，落实环境保护责任制	现场检查 资料审查 员工访谈				
		应对维修产生的废弃物进行分类收集，重点包括废油、废液、废气、废蓄电池、废轮胎、废水及垃圾等有害物质集中收集和定点存放，有害物质存储区域应界定清楚，必要时应有隔离、控制措施					
		企业应委托有合法资质的机构定期回收废弃物，并留存废弃物处置记录，规范处置率达到90%以上，废弃物处理协议应在有效期内					

续上表

评价项目		评价内容	判定方法	评价结果			评价意见
				符合	不符合	不适用	
5.7.2.2 环境保护	环保设备设施	废水、废机油、制动液、制冷剂、防冻液、废铅酸蓄电池等废弃物回收处置或再利用设备	现场检查 资料审查 员工访谈				
		调试车间或调试工位应设置汽车尾气收集净化装置					
		涂漆车间应设有专用废水排放及处理设施，采用干打磨工艺的，应有粉尘收集装置和除尘设备					
		厂区保持清洁，作业车间具有通风、换气、照明设施设备					
5.7.2.3 节能减排	企业自身节能减排	维修企业能源消耗集中在电、水、天然气、燃油等方面，应建立能源消耗管理制度、实现能源消耗精细化统计，制订切实有效的节能减排措施	资料审查 现场检查				
	车辆尾气排放控制	承修车辆严格按照汽车尾气排放维修技术规范进行排放控制关键零部件维修，严格竣工检验，确保承修车辆尾气达标					
5.7.2.4 热心公益		企业应积极参加政府部门或行业组织开展的服务质量公约、服务质量标准承诺、阳光维修以及消费者权益保护日、道路交通安全日、节能宣传周和质量月等公益主题活动，并结合自身实际，积极参与社会公益或慈善活动	资料审查 员工访谈				

图书在版编目(CIP)数据

放心汽修认证评价规范 / 中国汽车维修行业协会编著.—北京：人民交通出版社股份有限公司，2016.8
ISBN 978-7-114-13027-4

Ⅰ.①放… Ⅱ.①中… Ⅲ.①汽车—车辆修理—认证—规范—中国 Ⅳ.①U472.4-65

中国版本图书馆CIP数据核字(2016)第112448号

中国汽车维修行业协会团体标准
放心汽修认证评价规范
T/CAMRA 002—2016
*
人民交通出版社股份有限公司出版发行
（100011 北京市朝阳区安定门外外馆斜街3号）
各地新华书店经销
北京市密东印刷有限公司印刷
*
开本:880×1230 1/16 印张:1.5 字数:32千
2016年8月 第1版
2016年8月 第1次印刷
*
书号:ISBN 978-7-114-13027-4 定价:10.00元

网上购书 / www.jtbook.com.cn
定 价：10.00元